**SCHREIBE DIE WÖRTER AUF.**

 das SOFA _____

 der _____

 das _____

 der _____

 **SCHREIBE DIE WÖRTER AUF.**

 der _____

 das _____

 die _____

 _____

 **SCHREIBE DIE WÖRTER AUF.**

das _____

der _____

der _____

_____

 SCHREIBE **9** 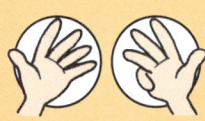 WÖRTER AUF.

der

1. der PIRAT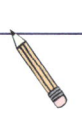

die

2. _____

3. _____

der

4. _____

die

5. _____

6. _____

der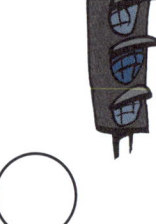

 der

das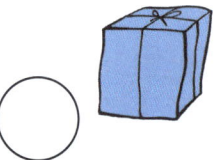

die ○

die ○

der ○

das ○

der ○ 1

7. _____

8. _____

9. _____

10. _____

11. _____

12. _____

die ○

der ○

der ○

 SCHREIBE **4** 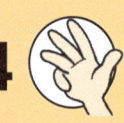 WÖRTER AUF.

 der APFEL_____

 die_____

 das_____

 die_____

 das_____

 das_____

SCHREIBE **6** 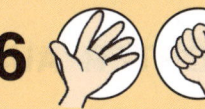 WÖRTER AUF.

 das _____

 die _____

 der _____

 die _____

 das _____

 die _____

 der _____

 der _____

 **SCHREIBE** **10** WÖRTER AUF.

der

1. das AUTO _____

das

2. _____

der

3. _____

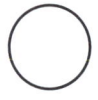

4. _____

das

5. _____

6. _____

die

 der  der

das

das

der

7. _____

der

8. _____

9. _____

der

10. _____

11. _____

12. _____

die

die

der

 SCHREIBE **8**  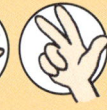 WÖRTER AUF.

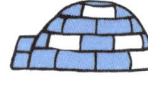 das IGLU _____

 der _____

 die _____

 der _____

 die _____

 der _____

 der _____

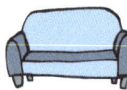 das _____

 der _____

 der _____

SCHREIBE **7** 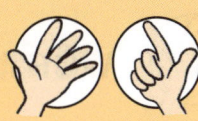 WÖRTER AUF.

 die _____

 die _____

 der _____

 die _____

 die _____

 die _____

 der _____

 der _____

 der _____

 das _____

 SCHREIBE **9** 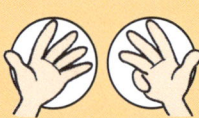 WÖRTER AUF.

○ der

1. die MÜTZE

die

①

2. _____

3. _____

das ○

4. _____

5. _____

die

○

6. _____

das  ○

der  ○

die 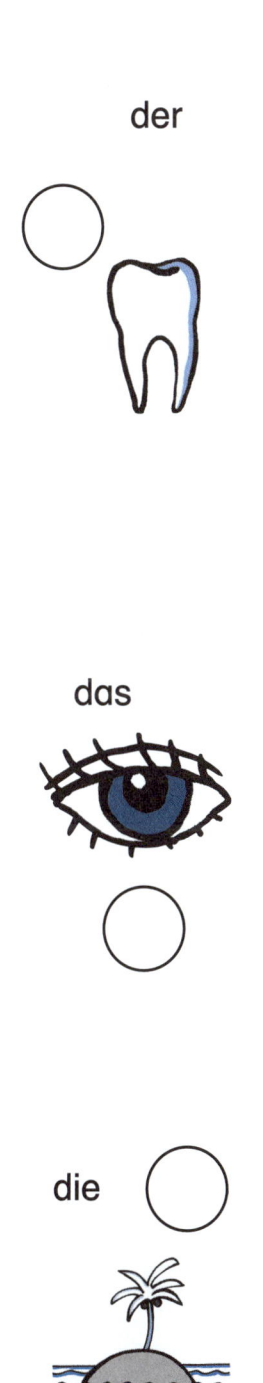 ◯

der ◯

die ◯

7. _____

der ◯

8. _____

9. _____

das ◯

10. _____

11. _____

die ◯

12. _____

die ◯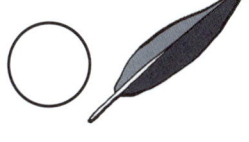

der ◯

 **SCHREIBE 7** 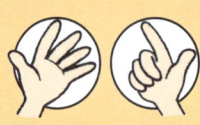 **WÖRTER AUF.**

 der ELEFANT _____

 der _____

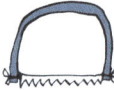 die _____

 die _____

 die _____

 der _____

 der _____

 der _____

 der _____

 SCHREIBE **8** 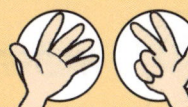 WÖRTER AUF.

die _____

der _____

der _____

das _____

der _____

der _____

der _____

die _____

das _____

 **SCHREIBE 9**  **WÖRTER AUF.**

das
○

1. der JAGUAR _____

der
○

2. _____

3. _____

der
○

4. _____

5. _____

der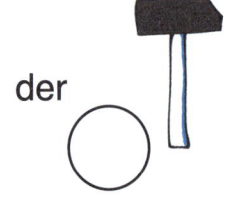
○

6. _____

der
○

der
○

der
○

der

das ◯

der ◯

der ◯

7. _____

der ◯

8. _____

9. _____

der ① ✏

10. _____

◯ der

11. _____

12. _____

◯
die

die ◯

die ◯

der

 SCHREIBE **8** 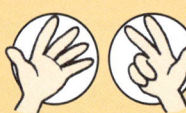 WÖRTER AUF.

 die SONNE _____

 der _____

 der _____

 der _____

 die _____

 die _____

 der _____

 der _____

 das _____

 das _____

 SCHREIBE **9** 🖐🖐 WÖRTER AUF.

 der _____

 die _____

 der _____

 der _____

 der _____

 der _____

 das _____

 das _____

 der _____

 die _____

 **SCHREIBE 10** 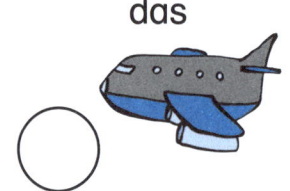 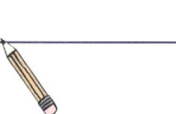 **WÖRTER AUF.**

das

○

1. der PANDA _____

2. _____

die

○

3. _____

die

○

4. _____

5. _____

das

○

6. _____

die  ○

der ○

○
das

das

die

das

7. _____

der

8. _____

9. _____

der

10. _____

der

11. _____

12. _____

der

die

der

die

SCHREIBE **11**  WÖRTER AUF.

 die LUPE _____

 der _____

 das _____

 der _____

 die _____

 die _____

 der _____

 die _____

 der _____

 der _____

 der _____

 der _____

 der _____

 der _____

SCHREIBE **13** WÖRTER AUF.

 der _____

 die _____

 die _____

 das _____

 die _____

 die _____

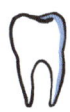 der _____

 die _____

 die _____

 der _____

 das _____

 die _____

 der _____

 das _____

 SCHREIBE **17**  WÖRTER AUF.

der

das

der

der

der

der

1. der FERNSEHER

2. _____

3. _____

4. _____

5. _____

6. _____

7. _____

8. _____

9. _____

10. _____

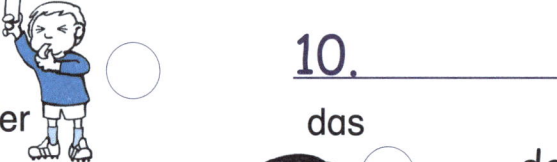 das  das die

der  ○

der  ○

der  ○

das  ○

○ das

11. _____

12. _____

13. _____ die  ○

14. _____

15. _____ der 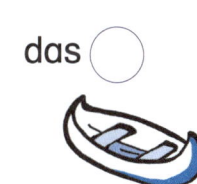 ○

16. _____

17. _____ das ○

18. _____

19. _____ der

20. _____ das ○

 das ○   der  ○    das ○

SCHREIBE **10**  WÖRTER AUF.

 der ADLER _____

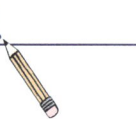 die _____

 der _____

 die _____

 die _____

 die _____

 der _____

 der _____

 der _____

 der _____

 das _____

 der _____

 das _____

 die _____

 der _____

SCHREIBE **13** 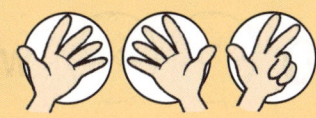 WÖRTER AUF.

 der _____    das _____

 die _____    der _____

 die _____    der _____

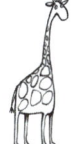 die _____    der _____

 der _____    das _____

 der _____    das _____

 der _____    der _____

 das _____

 das _____

SCHREIBE **13** WÖRTER AUF.

 der LÖWE _____

 der _____

 der _____

 der _____

 der _____

 das _____

 die _____

 die _____

 die _____

 der _____

 das _____

 die _____

 der _____

 der _____

 die _____

 SCHREIBE **14** 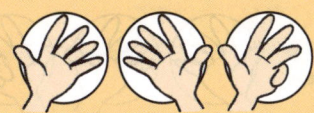 WÖRTER AUF.

 die _____	 der _____
 das _____	 der _____
 der _____	 der _____
 der _____	 der _____
 die _____	 die _____
 der _____	 der _____

 das _____

 der _____

 der _____

MEINE LIEBLINGSWÖRTER

SCHREIBE 15 WÖRTER AUF.

das PONY

der TRICERATOPS

der GAMEBOY

 **DAS SCHMECKT MIR!**

SCHREIBE 8 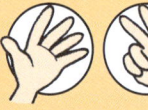 **WÖRTER AUF.**

die SCHOKOLADE

der FISCH

die NUDELN

 WAS KANN SCHWIMMEN?

SCHREIBE **7** 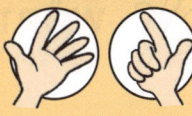 WÖRTER AUF.

ein SCHIFF

ein FISCH

ein KORKEN

 **WAS KANN FAHREN?**

SCHREIBE 9  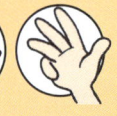 **WÖRTER AUF.**

ein AUTO

eine LOKOMOTIVE

ein ROLLER

 **WAS KANN FLIEGEN?**

SCHREIBE 7 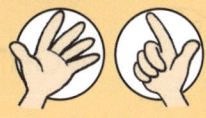 **WÖRTER AUF.**

eine BIENE

ein VOGEL

ein FALLSCHIRM

 **WAS PASST IN DEINE HOSEN-TASCHE?**

SCHREIBE 6  **WÖRTER AUF.**

ein REGENWURM

ein TASCHENTUCH

eine MAUS

 **WAS IST GRÖßER ALS EIN TISCH?**

SCHREIBE 10 WÖRTER AUF.

ein HAUS

ein BAUM

eine GIRAFFE

 WAS HAST DU HEUTE AN?

SCHREIBE **6** 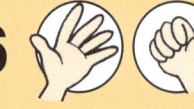 WÖRTER AUF.

ein Paar STIEFEL

eine MÜTZE

einen PULLOVER

 **WAS GEHÖRT ZU DEINEM KÖRPER?**

SCHREIBE 9 ✋🤚 **WÖRTER AUF.**

eine NASE

zehn FINGERNÄGEL

zwei FÜßE

 **WELCHE PFLANZEN KENNST DU?**

SCHREIBE 6   **WÖRTER AUF.**

 **WELCHE LÄNDER KENNST DU?**

SCHREIBE 5  **WÖRTER AUF.**

 **WOMIT SPIELST DU GERN?**

SCHREIBE **8**  **WÖRTER AUF.**

 **ICH WÜNSCHE MIR ...**

 **ICH WÄRE GERNE ...**

 **WAS FRESSEN TIERE?**

SCHREIBE **7** 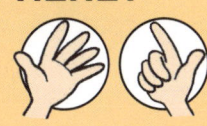 **WÖRTER AUF.**

 **HEXEN-WÖRTER**

SCHREIBE **3 × 3**  **WÖRTER AUF.**

 _____

SCHREIBE 7  **WÖRTER AUF.**

Das kannst du jetzt:

Das kannst du jetzt:	Datum	Datum	Datum	Datum	Datum	Datum	Datum	Datum
Du kannst zu jedem Wort mindestens einen passenden Buchstaben finden und aufschreiben.								
Du kannst zu jedem Wort mehrere passende Buchstaben finden und aufschreiben.								
Du kannst viele Wörter so schreiben, wie sie klingen.								
Du kannst fast alle Wörter schreiben, wie sie klingen.								
Du kennst besondere Buchstaben (z. B. Ä, Ö, Ü).								
Du kennst das EI.								
Du kennst das AU.								
Du kennst das EU.								
Du kennst das SCH.								
Du kennst das CH.								
Du kennst das SP und das ST.								
Du kannst manche Wörter ganz richtig schreiben.								
Du kannst viele Wörter ganz richtig schreiben.								